BEI GRIN MACHT SICH IHR WISSEN BEZAHLT

- Wir veröffentlichen Ihre Hausarbeit, Bachelor- und Masterarbeit

- Ihr eigenes eBook und Buch - weltweit in allen wichtigen Shops

- Verdienen Sie an jedem Verkauf

Jetzt bei www.GRIN.com hochladen und kostenlos publizieren

Bibliografische Information der Deutschen Nationalbibliothek:

Die Deutsche Bibliothek verzeichnet diese Publikation in der Deutschen Nationalbibliografie; detaillierte bibliografische Daten sind im Internet über http://dnb.d-nb.de/ abrufbar.

Dieses Werk sowie alle darin enthaltenen einzelnen Beiträge und Abbildungen sind urheberrechtlich geschützt. Jede Verwertung, die nicht ausdrücklich vom Urheberrechtsschutz zugelassen ist, bedarf der vorherigen Zustimmung des Verlages. Das gilt insbesondere für Vervielfältigungen, Bearbeitungen, Übersetzungen, Mikroverfilmungen, Auswertungen durch Datenbanken und für die Einspeicherung und Verarbeitung in elektronische Systeme. Alle Rechte, auch die des auszugsweisen Nachdrucks, der fotomechanischen Wiedergabe (einschließlich Mikrokopie) sowie der Auswertung durch Datenbanken oder ähnliche Einrichtungen, vorbehalten.

Impressum:

Copyright © 2016 GRIN Verlag, Open Publishing GmbH
Druck und Bindung: Books on Demand GmbH, Norderstedt Germany
ISBN: 9783668333871

Dieses Buch bei GRIN:

http://www.grin.com/de/e-book/340678/oeffnen-und-schliessen-eines-filterkerzen-gehaeuses-und-wechseln-der-darin

Jan Scholz

Öffnen und Schließen eines Filterkerzen-Gehäuses und Wechseln der darin befindlichen Filterkerze (Unterweisung Chemikant/in)

GRIN Verlag

GRIN - Your knowledge has value

Der GRIN Verlag publiziert seit 1998 wissenschaftliche Arbeiten von Studenten, Hochschullehrern und anderen Akademikern als eBook und gedrucktes Buch. Die Verlagswebsite www.grin.com ist die ideale Plattform zur Veröffentlichung von Hausarbeiten, Abschlussarbeiten, wissenschaftlichen Aufsätzen, Dissertationen und Fachbüchern.

Besuchen Sie uns im Internet:

http://www.grin.com/

http://www.facebook.com/grincom

http://www.twitter.com/grin_com

Inhaltsverzeichnis

1. Adressat Analyse / Lernausgangslage .... - 2 -
   1.1 Beschreibung des Betriebes .... - 2 -
   1.2 Beschreibung des Auszubildenden .... - 3 -
   1.3 Stärken- und Schwächenprofil des Auszubildenden .... - 3 -
   1.4 Bisherige Entwicklung .... - 3 -
2. Fachliche Analyse des Themas (Sachanalyse) .... - 4 -
   2.1 Einordnung des Themas .... - 4 -
   2.2 Beschreibung der fachlichen Aspekte .... - 4 -
   2.3 Vorangegangene und nachfolgende Ausbildungsinhalte .... - 5 -
3. Strukturierung der Lernziele / Kompetenzen .... - 5 -
   3.1 Richtlernziel .... - 5 -
   3.2 Groblernziel .... - 5 -
   3.3 Feinlernziel .... - 5 -
   3.4 Lernbereiche .... - 6 -
      3.4.1 Kognitiver Lernbereich .... - 6 -
      3.4.2 Affektiver Lernbereich .... - 6 -
      3.4.3 Psychomotorischer Lernbereich .... - 6 -
4. Didaktische Begründung der Methode .... - 6 -
   4.1 Methodenwahl .... - 6 -
   4.2 Zeitpunkt der Unterweisung .... - 6 -
   4.3 Ort der Unterweisung .... - 6 -
5. Anwendung der Methode .... - 7 -
   5.1 Stufe 1 – Vorbereiten .... - 7 -
   5.2 Stufe 2 – Vormachen .... - 7 -
   5.3 Stufe 3 – Nachmachen .... - 8 -
   5.4 Stufe 4 – Selbstständiges Üben .... - 8 -
6. Planung und Sicherung des Lernerfolgs .... - 9 -
7. Lernhilfen / Arbeitsblätter / Präsentationsmittel .... - 9 -

1. Adressat Analyse / Lernausgangslage

Name: Peter Muster

Alter: 19 Jahre

Schulabschluss: Fachoberschulreife

Ausbildungsberuf: Chemikant

Ausbildungsdauer: 3,5 Jahre

Ausbildungsjahr: 1. Hälfte / 3. Ausbildungsjahr

Ausbildungsbetrieb: Bayer AG

Ort der Unterweisung: Lehrgebäude des Auszubildenden

Zeitpunkt der Unterweisung: 10 Uhr

Dauer der Unterweisung: 45 Minuten

1.1 Beschreibung des Betriebes

Die Bayer AG ist ein weltweit führendes Unternehmen mit Kernkompetenzen auf den Gebieten der Gesundheit und Agrarwirtschaft. Als Innovationsunternehmen setzt die Bayer AG Zeichen in Entwicklung und Forschung. Sie teilt sich in 3 Teilkonzerne und 2 Servicegesellschaften auf.

Diese 3 Teilkonzerne sind wie folgt unterteilt:

1. Bayer Pharmaceuticals, welches zu den weltweit führenden Unternehmen in der Gesundheitsversorgung mit Arzneimitteln und medizinischen Produkten gehört.
2. Consumer Health bietet eine ausgewogene Palette an rezeptfreien Präparaten (Bsp. Aspirin), die ein selbstständiges Gesundheitsmanagement ermöglichen.
3. Crop Science ist auf den Gebieten Pflanzenschutz, Saatgut und Anwendungen außerhalb der Landwirtschaft tätig.

Die 2 Servicegesellschaften Bayer Business Services und Currenta sind hauptsächlich als Dienstleister für die Bayer AG tätig.

Bei dem Ausbildungsbetrieb in Xxxxxxxx handelt es sich um den Teilkonzern Pharmaceuticals. Hier werden hauptsächlich hormonelle Wirkstoffe und Röntgenkontrastmittel produziert.

Die Ausbildung des Chemikanten dauert 3,5 Jahre und wird vorwiegend im Ausbildungstechnikum / Lehrlabor und in den Wirkstoffbetrieben Vor-Ort durchgeführt.

Der Besuch der Berufsschule im Hellweg-Berufskolleg in Unna findet zweimal wöchentlich statt.

1.2 Beschreibung des Auszubildenden

Peter Muster ist seit dem 01.09.2014 Auszubildender in unserem Betrieb und befindet sich in der 1. Hälfte des 3. Ausbildungsjahres.

Zuvor besuchte er die Konrad-Adenauer-Realschule in Werne und hat diese mit der Fachoberschulreife abgeschlossen.

Dadurch, dass Peter schon 2 Jahre Auszubildender in unserem Betrieb ist, konnte ich mir als Ausbilder ein sehr gutes Bild über seine fachliche, soziale und persönliche Entwicklung machen.

Seine Leistungen in der Berufsschule zeigen, dass er durch seine gute Auffassungsgabe das theoretische Fachwissen bestens beherrscht, jedoch am Anfang schneller gelangweilt war und die Theorie nicht immer mit dem gleichen Interesse verfolgte wie die Praxis.

In seiner Freizeit trifft Peter sich viel mit Freunden. Er macht jegliche Form von Ballsportarten, wie Fußball, Handball, Basketball. Diese gelernte Teamfähigkeit in den Sportarten, sieht man auch sehr gut im Arbeiten mit anderen Auszubildenden.

Dadurch, dass Peter im 3. Ausbildungsjahr das Grundwissen und ein Teil des Fachwissens des Ausbildungsberufes sehr gut beherrscht, soll er nun weitere Anlagenteile zur Filtration kennenlernen.

1.3 Stärken- und Schwächenprofil des Auszubildenden

Stärken:

Peter hat eine sehr gute Auffassungsgabe und ist zuverlässig. Er zeigt sehr großes Interesse an neuen Aufgaben und bereits gelerntes setzt er gewissenhaft um. Besonders praktische Aufgaben bereiten Peter eine noch größere Freude.

In Gruppenarbeiten mit seinen Ausbildungskollegen sieht man seine gute Teamfähigkeit.

Schwächen:

Peter zeigte zu Anfang an theoretische Aufgaben nicht immer die gleiche Freude wie an praktischem. Sein Interesse konnte man aber steigern, sobald man einige visuelle Medien zum unterstützen des Theorie Unterrichts hinzufügte. Somit hat sich Peter auch in den letzten beiden Ausbildungsjahren immens gebessert.

1.4 Bisherige Entwicklung

Durch das Einbringen von visuellen Medien ist Peters Interesse an theoretisch vermittelnden Aufgaben sehr gut geworden. Somit ist seine Leistungsbereitschaft in Theorie und Praxis zu gleichen Teilen sehr gut. Durch positives Feedback werde ich Peter immer weiter ermutigen sein Bestes zu geben und stärke somit sein Selbstbewusstsein.

Seine primäre Motivation ist ausgeprägt, da er bei neu gestellten Aufgaben großes Interesse zeigt und ihm gestellte Aufgaben gewissenhaft erledigt.

2. Fachliche Analyse des Themas (Sachanalyse)

2.1 Einordnung des Themas

Durch die 4-Stufen-Methode soll Peter das Öffnen und Schließen eines Filtergehäuses, sowie den Ein- und Ausbau der darin enthaltenen Filterkerze lernen. Diese Tätigkeit muss Peter, wenn er ausgelernt ist, in den Betrieben fast täglich machen.

Das von mir gewählte Thema ergibt sich aus dem Inhalt der Ausbildungsordnung über die Berufsausbildung zum Chemikanten / zur Chemikanten vom 10. Juni 2009.

Ausbildungsrahmenplan:

Lfd. Nr. 1.11 Thermische und mechanische Verfahrenstechnik (§4 Absatz 2 Abschnitt 1 Nummer 11) d) Filtrieren, Zentrifugieren und Sedimentieren: Geräte und Anlagen zum Sedimentieren, Zentrifugieren und Filtrieren insbesondere unter Beachtung von Aufbau-, Funktions- und Wirkungsweise unterscheiden und einsetzen.

2.2 Beschreibung der fachlichen Aspekte

Der Umgang mit Anlagen und Geräten zum Filtrieren ist ein wesentlicher Bestandteil der Arbeit im betrieblichen Alltag. Besonders die Richtige Handhabung dieser Anlagen und Geräte ist sehr wichtig. Da durch fehlerhaftes Bedienen (Bsp. durch falsches öffnen eines Filtergehäuses hochwirksame Substanzlösung austreten kann) die Gesundheit von Sich und seinen Mitmenschen gefährdet werden kann. Auch der mögliche hohe Druck innerhalb der Geräte kann gefährlich werden.

Je nachdem was für Flüssigkeiten durch die Anlagen / Geräte (Filterkerze) gefördert werden, ob Wasser, Lösemittel (Aceton, Methanol, Methylenchlorid usw.) oder Substanzlösung, muss zuvor das Sicherheitsdatenblatt der benötigten Flüssigkeit oder Substanz befolgt werden. Hier steht welche persönliche Schutzausrüstung zum offenen Umgang getragen werden muss. Bei Wasser ist keine besondere PSA (Persönliche Schutzausrüstung) zu tragen. Hier reicht die bereits tragende Arbeitskleidung. Bei gefährlicheren Flüssigkeiten oder Substanzlösungen ist beispielsweise angegeben eine Vollschutzmaske mit Schutzanzug oder ein Chemikalienschutzanzug mit Fremdbelüftung zu verwenden.

Die Filterkerze ist dazu da Fremdpartikel und eventuell mechanische Verunreinigungen zu verhindern. Jede produzierte Reinware wird über 2 Filterkerzen filtriert um die gewünschte Reinheit zu gewährleisten. Eine Filterkerze muss nach nachlassender Filtrationsgeschwindigkeit gewechselt werden. Somit geschieht das Wechseln einer Filterkerze sehr häufig im betrieblichen Alltag. Lösemittel welche in ein Rührwerk gefördert werden, müssen vorher über eine Filterkerze filtriert werden um mögliche Fremdkörper zu verhindern. Diese Filterkerzen werden zum Beispiel nach jedem Produktionswechsel ausgetauscht.

Im Hinblick auf den ordnungsgemäßen und sicheren Umgang mit dem Filtergehäuse und der Filterkerze, wird Peter die Wichtigkeit der richtigen Handhabung nahegebracht.

2.3 Vorangegangene und nachfolgende Ausbildungsinhalte

In vorangegangenen Unterweisungen wurde Peter die Funktionsweise der Filterkerze gezeigt, welchen nutzen Sie hat und wo sie hauptsächlich eingesetzt wird.

In den folgenden Unterweisungen werden Peter weitere Anlagen bzw. Geräte zum Filtrieren nähergebracht, wie zum Beispiel den GAF – Filter.

3. Strukturierung der Lernziele / Kompetenzen

Das Lernziel dieser Unterweisung in Form der 4-Stufen-Methode ist das ordnungsgemäße Öffnen und Schließen eines Filtergehäuses, sowie der Ein- und Ausbau der darin befindlichen Filterkerze.

3.1 Richtlernziel

Der Auszubildende soll die thermische und mechanische Verfahrenstechnik lernen.

3.2 Groblernziel

Der Auszubildende soll Geräte und Anlagen zum Sedimentieren, Zentrifugieren und Filtrieren insbesondere unter Beachtung von Aufbau, Funktions- und Wirkungsweise unterscheiden und einsetzen.

3.3 Feinlernziel

Der Auszubildende soll ein Filtergehäuse ordnungsgemäß öffnen und schließen können, sowie die darin befindliche Filterkerze ein- und ausbauen können.

3.4 Lernbereiche

3.4.1 Kognitiver Lernbereich

Der Auszubildende kennt die Notwendigkeit des ordnungsgemäßen öffnen und schließen des Filtergehäuses, sowie das Wechseln der darin befindlichen Filterkerze in Bezug auf die eigene Sicherheit und seiner Mitmenschen.

3.4.2 Affektiver Lernbereich

Der Auszubildende bekommt ein Gefühl für die richtige Handhabung des Filtergehäuses und der Filterkerze, sowie das Einhalten der richtigen Reihenfolge zum sicheren Umgang des Gerätes.

3.4.3 Psychomotorischer Lernbereich

Der Auszubildende beherrscht den ordnungsgemäßen Umgang mit dem Filtergehäuse und der Filterkerze und bekommt ein Gefühl zum Einsetzen der Filterkerze ohne dabei die Dichtung zu beschädigen und das korrekte Schließen des Filtergehäuses um die Dichtigkeit zu gewährleisten.

4. Didaktische Begründung der Methode

4.1 Methodenwahl

Ich habe mich für die 4-Stufen-Methode entschieden. Da Peter besonders bei praktischen Aufgaben großen Interesse und Engagement zeigt und diese auch schnell selbstständig umsetzen kann. (Haptischer Lerntyp)
Mit der 4-Stufen-Methode kann ich diese überwiegend praktischen Inhalte vermitteln, da der Schwerpunkt auf dem Ausbau der psychomotorischen Fertigkeiten liegt. Aber auch das Wissen und die Einhaltung von Sicherheitsvorkehrungen um die Aufgabe ordnungsgemäß zu erfüllen sind unverzichtbar.
Des Weiteren eignet sich die 4-Stufen-Methode sehr gut, um einfache und nicht zu komplexe Aufgaben zu erfüllen.

4.2 Zeitpunkt der Unterweisung

Den Zeitpunkt der Unterweisung setze ich auf 10 Uhr. Der Biorhythmus des Auszubildenden befindet sich zu dem Zeitpunkt in einer aktiven Phase, somit ist eine bessere Aufnahmefähigkeit gewährleistet.

4.3 Ort der Unterweisung

Die Unterweisung werde ich in dem Schulungsraum des Ausbildungsgebäudes A016 durchführen. Dieser Raum ist dem Auszubildenden bereits bekannt durch frühere

Unterweisungen. Alle benötigten Arbeitsmaterialien werde ich als Ausbilder mitbringen und zur Verfügung stellen.

5. Anwendung der Methode

5.1 Stufe 1 – Vorbereiten

Zuerst werde ich Peter begrüßen und durch einen kurzen Smalltalk eine zwanglose Ausbildungssituation schaffen. Dadurch das Peter mich schon aus früheren Unterweisungen kennt, brauche ich mich nicht vorstellen. Danach werde ich Peter das Thema und das Ziel der heutigen Unterweisung näherbringen und ihn auf die gute Mitarbeit in den vorherigen Unterweisungen, zwecks Motivation, hinweisen. Die erforderlichen Arbeitsmittel wie Filtergehäuse, Filterkerze, eine Schüssel Wasser und die benötigte PSA (Handschuhe, Korbbrille) werde ich bereitstellen.

5.2 Stufe 2 – Vormachen

In der 2. Stufe werde ich die einzelnen Arbeitsschritte erklären und auf aufkommende Fragen von Peter eingehen. Hiernach werde ich Peter die einzelnen Arbeitsschritte vormachen.

Öffnen des Filtergehäuses

- Handschuhe und Korbbrille anziehen.
- Das Entlüftungsventil am Filtergehäuse öffnen und eventuellen Überdruck in ein Glas ablassen.
- Den Handhahn am Einlass des Gehäuses öffnen um eventuellen Restdruck aus der Leitung zu lassen.
- Nach überprüfter Drucklosigkeit die Verschlussklammer öffnen.
- Filtergehäuse nach obenhin abnehmen und zur Seite stellen.

Entnehmen der Filterkerze

- Mit der einen Hand (rechte Hand) den unteren Teil der Filterkerze verdecken.
- Mit der anderen Hand (linke Hand) einen festen Griff in der Mitte zum Drehen der Filterkerze ansetzen.
- Nun mit der linken Hand vorsichtig die Filterkerze aus der Halterung drehen, hierbei die Filterkerze zu sich ziehen, um eventuellen Überdruck von sich wegzulenken.
- Die rechte Hand bleibt am unteren zu sich zeigenden Teil der Filterkerze um eventuelle Spritzer nicht abzubekommen.
- Die Filterkerze nun rausziehen und beiseitelegen.

Einsetzen der Filterkerze

- Neue Filterkerze in eine Schüssel Wasser tunken um die Dichtung zu benetzen.
- Die Filterkerze im Filtergehäuse durch Druck und leichten Bewegungen in die Öffnung setzen.
- Wenn die Dichtung nicht mehr zu sehen ist, wird die Filterkerze unter die Halterung gedreht.

Schließen des Filtergehäuses

- Korrekten Sitz der Dichtung prüfen.
- Filtergehäuse auf die Dichtung setzen.
- Filtergehäuse mit der Verschlussklammer schließen, hierbei auf richtigen Halt der Klammer achten. (Gerader und fester Sitz).
- Klammer handfest anziehen.

5.3 Stufe 3 – Nachmachen

In der dritten Stufe werde ich Peter die gezeigten Arbeitsschritte erklären lassen. Danach wird Peter die einzelnen Arbeitsschritte selbstständig durchführen. Bei groben Fehlern werde ich eingreifen.

5.4 Stufe 4 – Selbstständiges Üben

In der letzten Stufe werde ich Peter den Arbeitsauftrag geben die gelernten Arbeitsschritte selbstständig zu üben und zu verinnerlichen. Hierbei gebe ich Peter eine halbe Stunde Zeit. Wenn seine Handgriffe sicher sitzen, werde ich die Übung beenden, um einen Motivationsverlust zu vermeiden. Nun kontrolliere ich die Arbeitsschritte und werde Peter loben oder bei eventuell auftretenden Fehlern ihn konstruktiv kritisieren.
Für mögliche Rückfragen stehe ich Peter jederzeit zur Verfügung.

6. Planung und Sicherung des Lernerfolgs

Die Erfolgskontrolle findet beim Üben statt, bei der ich eventuell auftretende Fehler bemängeln kann. Ich werde Peter fragen, ob für ihn noch etwas Unverständlich oder Unklar war. Falls ja werde ich dieses mit Peter besprechen und entfernen. Zumal werde ich mir das Öffnen und Schließen des Filtergehäuses sowie das Wechseln der darin befindlichen Filterkerze in den nächsten Tagen immer wieder zeigen lassen und diese Arbeitsschritte in täglichen Arbeitsaufgaben unterbringen.

Beurteilungsmaßstab in Bezug auf die Wichtigkeit der eigenen Sicherheit und der korrekte Umgang ist folgender:

Gute Leistung – Peter beherrscht den korrekten Umgang zum Öffnen und Schließen des Filtergehäuses und zum Wechseln der darin befindlichen Filterkerze und achtet hierbei besonders auf seine Sicherheit.

Unzureichende Leistung – Peter ist nicht im Stande den korrekten Umgang zum Öffnen und Schließen des Filtergehäuses und zum Wechseln der darin befindlichen Filterkerze zu gewährleisten und achtet nicht auf seine Sicherheit.

Sollte die Kontrolle unzureichend ausfallen, werde ich auf Peter zugehen und die Unterweisung nochmals wiederholen.

7. Lernhilfen / Arbeitsblätter / Präsentationsmittel

- Filtergehäuse
- Filterkerze
- PSA (Handschuhe und Korbbrille)
- Glas
- Schüssel mit Wasser

BEI GRIN MACHT SICH IHR WISSEN BEZAHLT

- Wir veröffentlichen Ihre Hausarbeit, Bachelor- und Masterarbeit

- Ihr eigenes eBook und Buch - weltweit in allen wichtigen Shops

- Verdienen Sie an jedem Verkauf

Jetzt bei www.GRIN.com hochladen und kostenlos publizieren